ÉLOGE

DE LABRUYÈRE.

ÉLOGE

DE LABRUYÈRE.

DISCOURS

QUI A CONCOURU POUR LE PRIX D'ÉLOQUENCE PROPOSÉ PAR L'ACADÉMIE FRANÇAISE EN 1810.

PAR THÉODORE PELLEPORT,
Avocat à la Cour de Cassation et au Conseil des Prises.

The proper study of mankind is Man.
POPE'S, *Essay on Man*, epistle II, verse II.

A PARIS,

AU SAGE FRANKLIN, CHEZ P. BLANCHARD ET Cie.
LIBRAIRES, PALAIS-ROYAL, GALERIE DE BOIS, No. 249.

M. DCCC. X.

AVERTISSEMENT.

En faisant imprimer mon discours, je n' ai pas la prétention d'appeler du jugement de l'Institut; mais j'ai voulu jouir du fruit de mes travaux et de mes efforts, si toutefois ils méritent un suffrage ou un encouragement: j'ai voulu surtout profiter des critiques utiles dont je pourrais être l'objet. Je réclame toute la sévérité des Aristarques. Je proteste, dans toute ma bonne foi, que je désire savoir si je suis né pour obtenir quelques succès dans les lettres; et je livre mon premier essai au public, pour en recueillir des avis qui décident ma vocation ou qui m'éloignent d'une carrière, trop épineuse pour en courir long-temps les hasards, si je n'ai pas l'espoir de la parcourir avec quelque honneur.

ÉLOGE

DE LABRUYÈRE.

S'IL est vrai que l'étude des hommes soit la plus essentielle à l'homme; s'il importe de connaître ses semblables, et surtout de se connaître soi-même, qui fut plus utile à l'humanité que Labruyère?

Scrutateur ingénieux du cœur humain, moraliste profond, il joint à ces titres celui d'écrivain éloquent et original. S'il connut toutes les ressources, toutes les variétés de la nature humaine, il épuisa, pour les peindre, toutes celles de la langue française: il a développé la force, la richesse et la grâce de cette langue dès lors immortelle, dont l'universalité n'est plus maintenant un problême; de cette langue chargée de transmettre aux âges les plus reculés les hautes destinées du peuple qui, dominant à son tour sur la terre, occupe aujourd'hui le premier rang parmi les nations guerrières et politiques, comme sa gloire littéraire l'avait déjà marqué parmi les nations éclairées.

L'Académie Française, qui veille religieusement à ce que la langue se conserve dans toute sa noblesse et dans toute sa pureté; qui la défend contre les attaques du mauvais goût et de la barbarie, sans gêner toutefois son essor et ses conquêtes, ne devait-elle pas un tribut à la mémoire de Labruyère, qui, toujours fidèle à la délicatesse du langage, nous en a révélé la hardiesse et la fécondité, et dont la plume éloquente servit à tracer aux hommes de grandes et d'utiles leçons?

La morale est la science des rapports de l'homme avec l'homme; elle est la théorie de nos devoirs, l'ame des liens qui nous unissent à nos semblables, en un mot la vraie doctrine universelle.

Elle fut chez les anciens l'objet du culte et de la méditation des sages. Socrate et Platon en ont développé les principes avec toute la force de la raison et du génie; Cicéron l'a servie de toute son éloquence; Sénèque, de la finesse et de la fécondité de son esprit; Plutarque, d'une grande profondeur de réflexion, d'une énergie, d'une précision de traits devenus axiomes; enfin, Lucien lui a prêté la vivacité d'un dialogue satirique et spirituel ; Ésope et Phèdre lui ont donné la forme et la grâce de l'apologue.

Parmi les modernes, qui n'ont fait que *glaner après les anciens*, pour me servir d'une expression de Labruyère, ne pouvons-nous pas opposer avec orgueil à l'antiquité, Montaigne, qui a embelli la morale de tous les charmes d'un langage abondant et naïf, d'un abandon éloquent et familier ; Pascal, dont la pensée audacieuse et profonde en a creusé les vérités les plus importantes ; La Fontaine, en qui elle attache, par les grâces de la simplicité, par le désir qu'il fait naître de soulever le voile ingénieux dont il la couvre ? Oublierai-je ce nouveau Mentor d'un nouveau Télémaque ? Il met la morale en action, et Minerve parle par sa bouche.

Ainsi, la morale a été tour à tour présentée aux hommes sous une diversité de formes qui devaient frapper la raison du plus grand nombre, selon la diversité des esprits et des caractères. Comment se fait-il que ses progrès aient été si lents, et qu'elle ait agi si peu sur le bonheur de l'espèce humaine ? N'accusons que la nature même de cette science. Toutes les vérités spéculatives, toutes les abstractions, sont exclusivement le domaine des esprits éclairés et méditatifs; et non-seulement la faculté de penser n'a pas assez d'intensité dans la plupart des hommes, mais encore l'exercice en est souvent borné à la profession que le hasard ou la nécessité nous donne. Sans doute, une ame généreuse peut, en se livrant à ses propres inspirations, deviner les lois de la morale, et s'asservir à leur pratique; mais une raison profonde peut seule les embrasser dans leur ensemble et dans leurs effets.

La plus belle mission du génie sera donc de rendre ces vérités familières; et s'il s'aperçoit qu'une théorie générale, habilement développée, revêtue même des formes les plus aimables et les plus ingénieuses, ne produit qu'un vain résultat, il prendra un chemin détourné qui le conduise plus sûrement à son but : au lieu de présenter à l'homme des devoirs exactement analysés et définis, des vertus peintes des couleurs les plus séduisantes, il lui montrera courageusement ses défauts et ses vices; il déroulera devant lui tous les égaremens de l'esprit et du cœur; il le placera devant un miroir qui réfléchisse toute son organisation morale; il lui révélera son caractère dans les caractères qu'il aura tracés; et l'homme, par un retour sur ses facultés et sur ses actions, verra ce que les unes entraînent de blâme, et un meilleur essor à donner aux autres pour son repos et son bonheur.

Ne reconnaissez-vous pas à ces traits, messieurs, les Caractères de Labruyère? Ne viens-je pas d'analyser l'esprit général de ses œuvres et d'en indiquer le but? Je me hâte de le suivre dans les détails de sa double carrière, de moraliste et de littérateur.

Avant tout, Théophraste réclame sa part de gloire; il fit aussi des Caractères : il fut l'inventeur de ce genre de littérature, d'autant plus noble, qu'il est plus utile; et l'éloge de Labruyère doit commencer par celui de Théophraste; ou plutôt ces deux éloges sont tellement liés, qu'ils ne peuvent être entièrement séparés l'un de l'autre.

C'est Labruyère qui a enrichi les lettres françaises des Caractères de Théophraste : la traduction qu'il en a faite est comme tout ce qu'il a écrit; le style en est précis, élégant et rapide; on y trouve cette grâce, cette vivacité de traits qui le caractérisent. Mais a-t-il saisi l'esprit et la physionomie de son modèle? Qui oserait contester qu'il n'ait conservé le tour de ses pensées, et même de son style, autant que le génie d'une langue peut se plier à exprimer des idées déjà revêtues d'autres signes et d'autres images? Ce jugement n'est-il pas consacré par les traits généraux de leurs ouvrages, par la ressemblance d'esprit et de génie qu'ils indiquent entre ces deux écrivains?

Que si l'on descend aux détails d'une comparaison, Labruyère sortira vainqueur du parallèle. Ses couleurs sont plus générales, plus indépendantes des temps et des lieux; il a plus de nerf et de profondeur; ses portraits, plus diversifiés, sont dessinés avec plus d'exactitude et de soin; les traits en sont moins vagues; ils s'enchaînent mieux, et forment une peinture plus complète de l'homme moral.

Écrivain imprudent, me dira-t-on peut-être, oses-tu bien juger entre ces deux hommes? Ignores-tu que Théophraste ne nous est parvenu que mutilé par la barbarie, et altéré par la nuit des temps? Es-tu digne d'apprécier cette noble simplicité des anciens, qui doit faire à jamais l'admiration et le désespoir des modernes?

Je ne dirai pas qu'il est des règles absolues et générales, auxquelles sont soumises les productions de l'esprit humain, de tous les pays et de tous les siècles.... Je ne dirai pas que l'imagination crée un ensemble au torse du Belvédère, qu'elle en reproduit les membres mutilés, et en saisit justement peut-être toutes les proportions. Au nom de l'antiquité, un respect religieux s'empare de moi, et je crains de profaner d'une pensée, d'un seul mot, le culte sacré qui lui est dû.

Que Théophraste et Labruyère jouissent donc en commun de l'immortalité; que la gloire associe leur nom, comme la pensée rapproche les deux siècles qui les virent naître : siècles heureux! qui apparaissent à travers les âges, chargés du luxe des arts et des plus belles conquêtes du génie, dont l'imagination regrettera toujours les mœurs brillantes et polies, les fêtes magiques et les nobles jeux; époques à jamais célèbres par l'éclat et la prospérité de deux nations également sensibles et spirituelles, également habiles dans les arts de la paix et dans ceux de la guerre, et toujours fidèles aux grâces, même en sacrifiant à la gloire; phases mémorables de la grandeur de l'esprit humain, que viennent couronner les noms de Périclès et de Louis XIV !

Combien il est touchant de voir Labruyère confier, pour ainsi dire, ses premiers succès à Théophraste, et s'appuyer sur lui pour essayer ses premiers pas dans le sanctuaire des lettres ! Par-là il a étudié son génie, il en a mesuré les forces, il va bientôt s'y livrer et poursuivre. Il a surtout étudié l'art d'écrire, et préludé aux grandes compositions littéraires, par une profonde méditation de ses lois.

« Tout l'esprit d'un auteur, dit La-» bruyère, consiste à bien définir et à » bien peindre. » C'est une pensée qu'il laisse à la réflexion de féconder ; plus on la méditera, plus elle paraîtra juste et profonde. L'art d'écrire, en effet, ne consiste-t-il pas tout entier dans un heureux emploi des expressions et des images d'une langue ? Définit-il le goût, ce tact de l'esprit qui échappe à l'analyse, qu'on croirait un don du sentiment, quoiqu'il ne soit peut-être aussi que la perfection d'un talent heureux et cultivé ; quel charme de pensées et d'expressions ! inspiré par le goût, il nous le fait sentir, et nous en offre le modèle le plus exquis et le plus pur.

Avec quel art il classe les divers genres de littérature et les divers talens ! Comme il marque à ceux-ci leur véritable destination ! Il donne à la médiocrité même des préceptes propres à vaincre sa stérilité, et lui apprend à se rendre utile. Il peint tour à tour l'églogue et le genre sublime ; et, toujours simple, toujours naturel, il réunit tour à tour la grâce et la naïveté, l'élévation et la profondeur. S'il traite des principales figures du style, quelle clarté dans leur définition ! quelle justesse d'esprit, quelle maturité de goût dans les principes qu'il établit pour en régler l'usage !

Et dans les exemples dont il a secouru sa doctrine, quel choix heureux ! quel talent d'analyse ! Rappellerai-je le portrait de cet homme *contraint dans la satire*, qui veut vainement en secouer les liens, et dans les conceptions les plus graves et les plus élevées, revenant toujours à sa nature, aiguisant encore l'épigramme, et sacrifiant toujours à sa mordante malignité ? et ce chef-d'œuvre de critique et de style, ce parallèle aussi brillant que vrai entre les deux grands maîtres de notre scène tragique, dont l'un y exerça tout l'ascendant d'un génie créateur et d'une raison sublime; et l'autre l'empire irrésistible du sentiment, et l'influence d'un génie moins élevé, mais plus familier et plus doux: enfin cette comparaison entre Térence et Molière, dont il voudrait confondre les deux génies pour n'en former qu'un seul; tant il a saisi profondément toutes les parties dont se compose leur art! tant il a l'instinct et le besoin de la perfection!

Que manquera-t-il alors au chapitre *des Ouvrages de l'Esprit*, pour être un véritable ouvrage, un traité complet de goût et de littérature? N'est-ce pas une rhétorique tout entière, dans laquelle la critique la plus judicieuse discute les principes de l'art d'écrire, et les appuie d'utiles exemples, qui viennent aider aux préceptes.

Il appartenait à Labruyère de tracer des règles sévères, d'après lesquelles il serait jugé : la confiance sied à la force. Il était digne de lui de ne dissimuler aucune des difficultés que doit vaincre celui qui veut écrire; elles devaient céder aux efforts du peintre heureux et hardi des *Caractères*.

Et, en effet, qu'est-ce qu'un grand écrivain? Serait-ce exclusivement celui qui, par des impressions fortes et rapides, par des images vives et brillantes, s'empare des passions, les meut à son gré, et, entraînant l'ame hors d'elle-même, lui imprime tous les mouvemens d'un style ardent et impétueux? N'y aurait-il de véritable éloquence que celle qui, absorbant tous nos sentimens et toutes nos pensées, nous enflamme et nous presse, et nous confondant, pour ainsi dire, avec l'écrivain, nous fait sentir et penser comme lui? Pourquoi circonscrire ainsi le génie, et lui ravir, avec le choix de ses sujets, des palmes innombrables? Ne sait-on pas qu'il n'a de bornes que celles de la nature; que tout s'anime et s'embellit par lui; qu'il imprime aux moindres détails sa grandeur et son caractère?

Chaque genre a son éloquence : si la pensée n'est que l'image intérieure de nos sensations et de leurs diverses combinaisons; si le style n'est que l'image extérieure de la pensée, comment refuser un rang à l'écrivain qui nous transmet des idées utiles et neuves sous des expressions heureuses et justes? Il est des genres de littérature dont le mérite échappe à la sagacité commune : sentir est la faculté de tous; penser est un don plus rare. Aussi la plupart des hommes se montrent-ils avides de mouvemens passionnés et de tableaux brillans : mais ils confondent souvent, dans leur admiration, le gigantesque et le sublime, l'enflure avec la dignité, une chaleur factice avec le sentiment. L'écrivain qui doit tout à son habileté et à la raison, qui est privé, dans le sujet qu'il traite, du secours des passions et de leurs mouvemens, demande des suffrages plus exercés; il veut, pour le juger, des esprits mûrs, à qui la méditation soit familière, et dont la réflexion seule fixe l'opinion et l'estime.

Tel est Labruyère : il cherche à convaincre, sans entraîner le jugement et sans ébranler l'ame; il n'exerce d'autorité que celle de la raison; la réflexion et l'analyse découvrent toujours en lui des beautés nouvelles; c'est une richesse, une perfection de détails que la curiosité la plus ardente et la plus opiniâtre ne saurait épuiser : et voilà le caractère distinctif des grands écrivains.

Qui posséda jamais plus profondément l'art de rendre la pensée féconde par le piquant de sa forme et de sa couleur? Qui sut lui donner un vêtement plus heureux et un tour plus facile? On ne saurait trop admirer cette justesse d'expression, cette propriété de style, qui est tout l'art d'écrire. Il trouve pour une pensée forte l'expression la plus énergique; un trait rapide peint une pensée vive; la délicatesse et la grâce marquent toutes les nuances d'une observation dictée par le goût ou le sentiment. Si Labruyère n'est pas le plus grand de nos prosateurs, il en est le plus habile; il occupe parmi eux la place que Boileau s'est assignée parmi les poëtes : pour la fixer invariablement, transportons-nous à l'époque où il a écrit.

Une langue est d'abord essayée par les besoins de l'homme; elle naît et s'accroît avec eux; on s'aperçoit à peine de son enfance et de la longue élaboration de ses élémens. Sa jeunesse éclate enfin; alors, impétueuse, elle s'égare sur les ailes de l'imagination; elle s'élance au-delà du naturel et du vrai; l'hyperbole et l'exagération la dominent; un luxe désordonné d'images la dépare et nuit à ses progrès; mais des traits heureux l'ont signalée : après avoir tout exagéré, on revient à la nature; et le goût, qui n'en est que le sentiment et l'étude parfaite, se montre alors et dicte ses lois; la langue s'épure : des écrivains plus sages, avertis de ses beautés par les écarts mêmes de leurs devanciers, la dégagent d'une pompe stérile et de ses fausses richesses : on voit naître l'ordre et la clarté.

Labruyère est un de ces écrivains qui, venant après les premiers essais d'une littérature, et profitant des efforts heureux qui ont indiqué le génie d'une langue, la développent, fixent ses lois, et achèvent de la perfectionner et de la polir.

La langue française sortait à peine du cahos, et Malherbe réclamait seul la gloire de ses premiers succès ; elle n'avait pas encore cette construction claire et précise, cette sage ordonnance de toutes ses parties, cette correction qui donnent aux langues une espèce d'immobilité, et rendent leurs progrès presque insensibles, même pour la postérité la plus reculée. Il lui manquait ces règles que le goût inspire, que la raison adopte, et que le temps doit consacrer ; et quoique Pascal les eût déjà fait entrevoir ; quoiqu'il eût écrit avec une élégance et une pureté qu'on ne surpassera jamais, elle avait besoin d'être encore maniée par plus d'un grand écrivain, pour atteindre à ce lustre qui l'attendait, à ce degré de perfection, désolant aujourd'hui pour celui qui veut écrire.

Corneille avait devancé Labruyère, et le langage avait acquis sous sa plume de l'énergie et de la noblesse ; Racine venait de naître pour lui donner de la douceur, de la grâce et de l'harmonie; Boileau, déjà connu, lui assurait l'exactitude, la gravité de la raison, et cette pureté sévère, attribut essentiel de la perfection d'une langue et de sa fixité. Labruyère, assez heureusement doué pour n'être étranger à aucun de ces genres de mérite, devait plus spécialement rendre la langue piquante, ingénieuse et souple; il lui était réservé de pénétrer dans ses secrets les plus intimes, de se familiariser avec son génie, de vaincre sa roideur, et de la plier à toutes les conceptions d'un esprit aussi multiple et aussi varié que les objets sur lesquels il s'exerce.

La construction de la phrase française est grave et méthodique; jalouse de la clarté qui est surtout son apanage, elle paraît asservie à des lois grammaticales trop uniformes et trop sévères : on la dirait rebelle aux mouvemens de l'imagination et de l'ame, et notre langue est justement appelée la langue de la raison. Est-elle la plus analogue à la génération des idées? L'inversion dont elle use avec tant de réserve; l'inversion, si familière aux langues anciennes et à la plupart des langues modernes, est-elle naturelle, ou plutôt ne faut-il la regarder que comme une richesse de plus, et comme la source de grandes beautés qui nous sont presque interdites ? Notre belle littérature, si féconde dans tous les genres d'éloquence, répond à toutes les questions, résout tous les doutes, et exclut l'idée d'une supériorité défavorable à notre langue : mais toujours est-il vrai de dire que, soumise à un ordre métaphysique plus régulier, elle résiste davantage à la mobilité de la pensée, et qu'elle exige de plus grands efforts pour la dompter.

De quelle opiniâtreté ne dut pas s'armer Labruyère, pour s'affranchir de la régularité monotone de la prose, pour ainsi dire didactique, la seule que comportât son sujet ! Comment mesurer tous les efforts qu'il dut faire, pour répandre, dans des écrits sans liaison apparente, et exclusifs des mouvemens passionnés, cette variété à la fois le sel et le repos de l'esprit, qui le porte d'un objet à l'autre, sert d'aliment à la curiosité, et fixe l'attention sans lassitude et sans contrainte? Le mécanisme de la langue ne lui est pas plus étranger que son génie; il épuise toutes les formes qu'elle peut recevoir, toutes les couleurs dont elle peut s'embellir ; il enrichit le langage de tours nombreux et nouveaux, et ces tours lui paraissent naturels; on dirait même qu'ils lui sont dès long-temps familiers. S'il étend ou resserre le sens d'un mot et le détourne ainsi de sa place, c'est pour lui donner un sens et une place désormais invariables. Il crée une expression dans une expression déjà vieillie, et lui rend sa jeunesse et sa fraîcheur. Fidèle interprète de la pensée, son style se moule sur elle; un habile accord identifie l'expression et l'idée : tantôt c'est un caractère qu'il met en action, et d'un style rapide il lui communique le mouvement et la vie; on croit le voir agir et parler; il ne manque alors à sa verve comique que la forme du dialogue, pour avoir composé un véritable drame : tantôt c'est une observation ou une maxime, *monument de la sagacité de l'esprit, et du jugement le plus ferme et le plus solide.* Une concision lumineuse, une énergique brièveté la gravent dans la mémoire, et s'emparent de la réflexion. Ce qui est plus remarquable peut-être, c'est cette finesse de pensée, qui semble si fugitive, rendue avec une finesse d'expression non moins heureuse; tant l'art d'écrire se marie étroitement avec l'art de penser! tant le langage est docile à toutes les créations de l'imagination et de l'esprit, lorsqu'elles sont réglées par la raison et par le goût ! Quelle étonnante souplesse ! quelle heureuse flexibilité ! Et dites encore que notre langue est stérile, vous écrivains impurs et néologues, qui trouvez ses liens trop étroits, parce qu'elle résiste aux caprices d'une imagination bizarre, et qu'elle ne peut se plier à vos étranges conceptions !

Jeunes adorateurs des Muses, méditez Labruyère, si vous voulez connaître toutes les ressources et toutes les beautés de la langue française : vous apprendrez avec lui à la maîtriser et à l'assortir à votre pensée ; vous acquerrez cette utile défiance, cette inquiétude de bien faire, qui provoquent les efforts et sont le gage des succès ; vous serez surtout convaincus que le travail doit aider et peut seul mûrir le génie. Pourquoi, dissipateurs aveugles du plus brillant avenir, l'immoler à des succès éphémères et trop hâtifs ? L'amour-propre, aiguillon du talent, n'en est que trop souvent l'écueil. Connaissez le danger et le ridicule de ces petits succès qui s'évanouissent à la porte du salon ou du boudoir où vous les avez obtenus ; aspirez à des palmes plus nobles, et, pour en être dignes, étudiez les préceptes et les modèles du goût; réclamez toute la sévérité des critiques, au lieu de courir après des louanges perfides que vous payez si cher, lorsque vous franchissez les cercles étroits qui en furent les échos.

Ce serait assez pour la gloire de Labruyère, que d'avoir marqué sa place parmi nos plus grands écrivains; mais l'univers le réclame comme moraliste, et revendique ses *Caractères*. S'il offre le tableau particulier des mœurs de sa nation et de son siècle; s'il retrace quelquefois des usages qui semblent n'appartenir qu'à un seul peuple, il peint presque toujours l'espèce humaine; il écrit pour l'univers et la postérité.

L'espèce humaine! quel tableau! Labruyère peindra-t-il l'homme beau de ses formes, de son ame et de son génie; exerçant la suprématie sur tout ce qui l'environne; à qui tout se rapporte ou se rattache dans la nature; pour qui seul, de tous les êtres, l'univers est un tout; seul doué d'un langage assez varié, d'un besoin de société assez impérieux et assez étendu pour qu'on ne puisse pas assigner de bornes au perfectionnement de l'espèce; rendant le passé et l'avenir tributaires du présent, le passé par l'observation, l'avenir par l'espérance, et même par la force de ses combinaisons ; franchissant les limites de son existence, pour vivre, dans plusieurs générations, du bonheur qu'il leur a préparé, ou de la gloire qu'il s'est acquise ; participant d'une double nature, l'une matérielle et végétative, comme la terre sur laquelle il gravite ; l'autre éthérée, comme les cieux qu'il parcourt de son imagination, et vers lesquels son ame s'élance, comme étant sa patrie et son dernier refuge ?

Non, messieurs, il sait que l'orgueil est *prompt à révéler* à l'homme les avantages dont il est doué, les dons heureux et les facultés qui l'ennoblissent ; il sait que ce même orgueil lui dissimule les vices inhérens à sa nature. Que fait-il ? il étudie ces vices, il les suit dans tous leurs détours, il les saisit sous toutes les formes, il les personnifie, pour en faire des portraits séparés, qui, ne s'appliquant à aucun individu, n'effrayent pas l'amour-propre, et frappent cependant assez la raison pour forcer l'homme à s'y reconnaître : ce sont des exemples vivans qui rendent plus facile et plus sûre l'application de la morale, en indiquant le bien qu'il faut suivre, et le mal qu'il faut éviter. Historien fidèle, censeur sans amertume, critique sans fiel, il fait naître, de l'observation et du récit des faits, des leçons et des préceptes.

Il a surtout pour guide cette tolérance éclairée, apanage d'une ame sereine autant que d'un esprit supérieur. « Ne nous » emportons point, dit-il, contre les hommes, » en voyant leur dureté, leur ingratitude, » leur injustice, l'amour d'eux-mêmes et » l'oubli des autres ; ils sont ainsi faits ; c'est » leur nature : c'est ne pouvoir supporter que » la pierre tombe ou que le feu s'élève. »

C'est donc une loi de la perfection universelle que l'imperfection humaine ! Sachons la modifier ou la subir ; osons envisager nos maux, et cherchons-en le remède avec Labruyère.

La scène du monde s'ouvre devant moi : quelle est la place que j'y occupe? Labruyère m'apprend que j'y suis à peine aperçu; que mon arrivée et mon départ y sont à peine marqués. Ou je me résigne à ma nullité, et je me contente de l'espace étroit qui m'appartient ; ou le besoin d'étendre mon existence me saisit, et j'aspire à la rendre utile.

Avec lui, je remonte aux jours de mon enfance; j'en retrouve les jeux et les plaisirs que je croyais perdus; je reviens aux doux lieux qui en furent les témoins, et je lui dois les plus tendres émotions, les plus touchans souvenirs. Mais bientôt, abandonnant ces couleurs gracieuses et légères pour un ton plus solennel et plus grave, il montrera toute l'histoire de l'homme dans l'homme encore enfant; il découvrira déjà, dans cet âge, que faussement on appelle exclusivement heureux, le germe de toutes les passions dont une direction funeste peut empoisonner la vie. Quel est le père, éclairé par ces observations, qui n'en surveillera pas le développement et l'essor; dont l'amour, si fortement averti, ne cherchera pas à écarter de son fils tous les maux dont il est menacé? Quels soins, quelles précautions ne lui inspirera pas ce sentiment si profond et si pur, qui ne demande qu'à s'exprimer et à multiplier ses sacrifices!

S'il développe maintenant l'histoire de ces passions qu'il n'a fait qu'indiquer, nous serons étonnés de l'éclat et de la vérité de ses couleurs. Veut-il peindre l'amour, cette puissance fécondante comme l'astre qui nous éclaire, ce principe de mouvement et de vie qui agite toute la nature, qu'éprouvent les plantes et les animaux, dont l'homme surtout reconnaît l'empire? Veut-il, dis-je, peindre dans l'homme ce penchant irrésistible qui s'empare de lui presqu'au sortir de l'enfance; ce besoin de reproduction, purement physique dans le reste des êtres, qui s'ennoblit en nous, en se combinant avec notre intelligence et notre ame, et devient la plus vive et la plus féconde de nos jouissances, comme la plus cruelle et la plus tyrannique des passions? après avoir dit ses plaisirs et ses maux, après avoir épuisé tout ce que le sentiment a de délicatesse et d'énergie, tout ce que son langage a de doux et de passionné, il examine les modifications que l'amour reçoit des modes et des usages de la société. Comme il sait le dégager de tout ce qui en usurpe la physionomie! comme il verse le mépris et le ridicule sur cette galanterie, perpétuel mensonge de l'amour, dont elle emprunte les traits, pour en faire un art aux dépens du bonheur! Son esprit observe, et son cœur écrit : on croit l'entendre gémir sur les travers qui empoisonnent nos affections, et nous ravissent nos biens les plus doux. S'il a tout analysé, on voit qu'il a beaucoup senti; je dirais même qu'il a beaucoup aimé.

Toutes les facultés morales sont en plein accroissement; elles s'avancent rapidement vers leur maturité. L'amour n'est pas encore éteint au cœur de l'homme; l'ambition naît, et vient lui en disputer l'empire; elle doit plus tard l'envahir : comme l'amour, toutes les passions fuient devant elle, ou elle les asservit à ses calculs. L'ambition est l'essor d'une imagination ardente, l'élan d'une ame généreuse vers la gloire; elle embrasse le monde en ses vastes desseins; elle s'exalte à l'idée du bonheur des hommes, le fait naître, et ne demande pour tribut qu'un suffrage qui survive au temps. Pourquoi faut-il qu'elle s'égare si souvent de son but; qu'elle s'en éloigne quelquefois, au point de n'avoir pour bornes ni le bonheur des hommes, ni même leur opinion? Alors c'est une lave qui tout embrase et tout détruit; elle dévore l'espace, les hommes, et jusqu'à l'avenir. Ainsi, l'ambition est un fleuve qui fertilise, ou un torrent dévastateur; elle produit tour à tour des Atilla et des Alexandre.

Les autres conditions de la société en

seraient-elles exemptes? J'y vois aussi l'ambition régner. Audacieuse, habile et souple, tantôt elle franchit les obstacles et les difficultés, et tantôt, les sondant avec précaution, les mesurant avec sagesse, elle attend, pour les vaincre, un heureux à-propos. Elle sait, mieux encore, *réfléchir les couleurs d'autrui*, prendre toutes les formes, et *se rendre l'esclave de tous ceux qui peuvent être utiles à sa fortune.*

Le palais des rois est surtout sa demeure: elle en garde toutes les issues; elle assiste au lever et au coucher des princes; elle regrette de n'être pas dans l'intimité de leurs rêves, pour mieux s'assortir à leur humeur, pour s'emparer de leurs moindres caprices, et égarer leurs bienfaits en fixant leur faveur. Ce *jeu* se répète dans l'antichambre et le salon des grands; il se continue dans toutes les classes qui connaissent des inférieurs: que de mouvemens et d'inquiétudes! que d'efforts souvent perdus, ou qui ne produisent que le repentir, et quelquefois le remords!

Un nouvel écueil attend l'homme: c'est l'avarice. Comme le corps éprouve les effets de la vieillesse, et sent peu à peu les sources de la vie s'épuiser et tarir, l'ame s'appauvrit et se dessèche: l'avarice en est la décrépitude. Comment définir cette passion désordonnée, qui sacrifie tout à la poursuite des richesses, en même temps qu'elle s'en ravit l'usage ? Est-il un plus grand travers d'esprit que *d'épargner pour la mort* des biens destinés à embellir la vie ? Quel vice de cœur que celui qui le ferme à la compassion, à la bienfaisance, et même à cet échange journalier de services réciproques, qui rendent plus faciles et plus douces les relations de la société ! L'avarice tue tous les sentimens généreux ; les affections les plus sacrées cèdent à sa tyrannie. Despote habile, elle avilit l'homme pour mieux régner sur lui, et l'horreur du crime n'est souvent pour elle qu'une impuissante barrière. Comme tous les penchans honteux qui dégradent l'espèce humaine, et qu'on irrite en les satisfaisant, l'avarice se nourrit d'avarice, et croît en acquérant les biens qu'elle poursuit.

L'amour, l'ambition, l'avarice ; voilà les grands traits qui signalent l'homme moral ; voilà les passions qui dominent la vie. A la peinture de ces grandes passions se rattachent presque tous les chapitres de Labruyère, en même temps qu'ils renferment le tableau des vices secondaires, des travers et des ridicules qui complètent l'histoire de nos folies et de nos erreurs. Quelle justesse d'observations ! quelle richesse de développemens ! quelle fécondité de préceptes et d'exemples ! Rien ne résiste à ce talent d'investigation dont il nous poursuit et nous enlace : où sa finesse nous découvre, ou sa profondeur nous confond ; rien n'est impénétrable pour lui.

Quel est ce palais dont la foule remplit les portiques, sans jamais en franchir le seuil ? Quels sont ces hommes éblouissans d'éclat ? Le peuple se presse à leur passage ; il s'écarte ou se prosterne devant eux, et ils sourient dédaigneusement à la curiosité publique. Ce sont des grands ; ils vont à la cour. C'est un pays inconnu à la plupart des hommes. Labruyère y pénètre, elle n'a plus ni secret ni prestige. Qu'aperçoit-on alors ? Une politesse exquise, qui n'est que de la dissimulation ; le sourire sur toutes les lèvres, et ce sourire, qui paraît expansif, cache des cœurs froids ou desséchés ; une contrainte perpétuelle, dont l'habitude seule peut alléger le poids ; l'envie et la haine s'essayant à parler le langage de la bienveillance, éprouvant le double supplice de feindre l'estime et le respect pour l'idole de la faveur, et d'en payer le tribut secret au mérite réel et moins élevé, pour qui elles affectent l'indifférence et le dédain; la louange et la calomnie n'ayant qu'un même but, celui de tromper et de nuire; la fortune, objet d'un culte constant, et toujours entourée d'adorateurs; à peine si l'on y compte quelques vrais amans de la gloire. La patrie y trouve ses sangsues et ses héros; la vertu, des envieux, jamais des amis sincères, alors même qu'elle y est toute puissante. Là, comme partout, semble prédominer le mal. Les grands, qui nous font envie, payent donc comme nous tribut à la condition humaine! Victimes d'une agitation pénible et sans relâche, moins heureux du rang qu'ils occupent, que fatigués de celui où ils aspirent sans pouvoir y atteindre, ils goûtent à peine les bienfaits, et sentent tout le poids du pouvoir. Grâces à Labruyère, nous sommes moins injustes envers eux; nous ne rêvons plus une existence orgueilleuse et fantastique, et nous savons mieux apprécier une obscure médiocrité qui nous éloigne moins du bonheur. Reconnaissans envers la nature, envers la société, nous cessons de croire à un partage aveugle et trop inégal de leurs faveurs, et ne repoussons plus leurs bienfaits, en haine des maux qui en sont inséparables.

Le tableau des mœurs de la ville réclame ses pinceaux, et doit suivre celui de la cour : c'est pour achever celle du monde qui se compose des grands eux-mêmes, et des rangs intermédiaires entr'eux, et les classes inférieures. Les vices y ont moins de profondeur, mais moins d'éclat les entoure ; un masque moins heureux les couvre. Les grands travers y sont plus rares, les ridicules plus épais et plus communs. Au lieu de la haine, règne une inquiète jalousie, et la cupidité remplace l'ambition. Ce n'est plus à l'orgueil qu'il fait la guerre ; il attaque la vanité, cette maladie des petits esprits, dont la tyrannie s'exerce sur les petites choses. Comme il signale cette inquisition des mœurs, des habitudes, et même des ressources de son voisin ; ce besoin général, auquel on sacrifie avec tant d'imprudence, et dont les résultats sont quelquefois si funestes au repos des familles, et toujours aux charmes de la société ! Qui n'a pas souri aux traits ingénieux et malins dont il attaque le ridicule ? C'est là que sa grâce et sa finesse sont inépuisables ; il nous échappe alors par sa légèreté ; son esprit brille en éclair, et l'analyse peut à peine le saisir.

Mais ces peintures appartiennent aux poëtes comiques ; livrons-les à leur méditation, et qu'ils les mettent en œuvre. Déjà le théâtre s'est approprié plusieurs de ses tableaux et de ses caractères ; ils sont loin d'être épuisés, et la comédie peut encore en enrichir son domaine.

Labruyère aurait-il écrit en vain ? tant d'efforts seraient-ils perdus, et ses leçons inutiles ? Hommes trop aveugles ! apprenez donc à vous connaître ; suivez dans cette étude un guide qui vous aime ; il n'a pour but que de vous éclairer et de vous *rendre meilleurs* : du vrai savoir naît la sagesse, et le bonheur est son ouvrage.

C'est vous surtout qu'il cherche à défendre contre vos égaremens, et dont il voudrait diriger le cœur pour votre bonheur et le nôtre ! Portion aimable du genre humain, compagne, idole et consolatrice de l'homme, vous, le guide, le charme et le soutien de la vie ; vous, dont l'influence et les bienfaits s'étendent sur tous les âges et vous en font bénir ; il faudrait les couleurs de l'Albane ou de Gérard pour vous peindre. Toutefois, je vaincrais la défiance que m'inspire mon peu de génie ; le feu dont vous embrasez mon ame m'en tiendrait lieu. Enfant pieux et tendre, amant passionné, j'offrirais un tribut de reconnaissance et d'amour. Je sais que le langage du sentiment eut toujours un prix pour vous, et j'aurais obtenu peut-être un sourire; mais il faut fermer les yeux à vos attraits; il faut s'armer de sévérité avec Labruyère, pour vous prémunir contre votre faiblesse, et rappeler uniquement votre influence à des bienfaits.

La coquetterie appelle son premier reproche. Et quel est ce besoin d'hommages qui vous tourmente sans cesse? A peine obtenus, ils vous deviennent pénibles, ou la victime, se changeant en héros, vous fait succomber au piége que vous lui aviez tendu. En vous donnant le désir et l'art de plaire, la nature avait voulu que vous en fussiez plus économes. Tout s'enchaîne, et la plus légère erreur produit souvent les plus grands désordres. Que la nuance qui sépare une femme coquette d'une femme galante est prompte à s'évanouir! et quel travers sérieux et grave que la galanterie! elle n'a quelquefois pour terme que la dernière dépravation, et toujours elle ravit aux femmes une partie de l'empire que nos mœurs les appellent à exercer : c'est à leur amour-propre et à leur intérêt que Labruyère s'adresse, s'il pouvait parler en vain à leur vertu. La dévotion trouverait-elle grâce devant lui ? elle n'est trop souvent qu'un nouvel égarement de leur sensibilité ; consolation et refuge des femmes galantes, elle est presque toujours une nouvelle persécution pour leurs familles, qu'elle soumet à une inquisition et à une tyrannie étrangère : aussi la poursuit-il sans relâche et de toute sa sévérité ?

Quelles leçons aimables ! avec quelle délicatesse, quelle soigneuse précaution il évite tout ce qui pourrait les blesser ! que ne peut-il racheter leurs moindres travers, et les ramener à cette douce paix, à ce bonheur qu'elles sont destinées à goûter en le faisant naître autour d'elles ! Ses reproches ne sont que des regrets, et pour les adoucir encore, il se hâte de parler du cœur, de cette heureuse faculté bien plus parfaite en elles qu'en nous, de ce présent céleste qu'elles ont reçu plus pour nous que pour elles.

Le cœur ! c'est en lui que réside la vie ; du cœur part le mouvement ; l'esprit n'en saurait jamais être que le régulateur. *Les grandes pensées viennent du cœur*, a dit Vauvenargues ; et sans doute Labruyère l'avait senti, quoiqu'il ne l'ait pas exprimé. Ainsi les grandes actions ne peuvent naître que des sentimens généreux ; ainsi la gloire et le bonheur n'ont qu'une même source. Quel charme de suivre avec Labruyère toutes les affections nobles dont ma nature est susceptible ! j'en ressens un doux orgueil ; et mon ame, en harmonie avec celle qui dicta le chapitre *du Cœur*, regrette, qu'*aimer ait une fin*, et que *le cœur ait des limites*.

O Labruyère! que le secours de tes écrits immortels ne m'abandonne jamais! par toi je sais tout ce que je me dois, et tout ce que je dois à mes semblables. Je me défie de moi, et je suis meilleur pour eux ; s'ils ne sont pas ce qu'ils pourraient, ce qu'ils devraient être, je suis tolérant, parce qu'avec toi j'ai interrogé la nature humaine, et que tu m'as donné le secret de ses imperfections comme de ses forces. Tu mûris ma pensée, sans arrêter son essor ; tu diriges celui de mes passions, sans ralentir le mouvement qu'elles impriment à l'homme, et qui seul peut lui faire atteindre sa noble destination; tes réflexions, en m'éclairant, ne flétrissent point mon ame ; et si tu m'affliges quelquefois par le tableau des faiblesses humaines, trop honteuses et trop communes, tu m'offres du moins un charme consolateur, en croyant à l'empire du sentiment et à l'existence de la vertu.

N'est-ce pas ici le lieu de venger l'espèce humaine de ce moraliste atrabilaire, de cet esprit inquiet et difficile, qui n'allait fouillant dans le cœur humain, que pour y chercher des vices, y découvrir des turpitudes nouvelles, soumettre les actions des hommes à une recherche minutieuse de leurs motifs les plus secrets, et leur ôter ainsi leur éclat ou leur mérite ? Que Larochefoucauld voie sa gloire s'abaisser et pâlir devant celle de Labruyère ! Qu'il expie le tort d'avoir calomnié la nature humaine, et surtout d'avoir dédaigné d'être utile ! Ce n'est pas en désolant les hommes, qu'il pouvait avoir le dessein de les corriger et de les rendre meilleurs : pourquoi irriter notre orgueil contre notre faiblesse, et l'anéantir ensuite tout entier devant elle ? Que voulait-il, si ce n'est répandre sa bile ardente et noire, et faire partager son mépris pour l'humanité, satisfait, au reste, d'obtenir les succès de l'esprit et les palmes de l'écrivain? Mais le cœur s'élève contre ces triomphes; il en gémit, et lui reproche d'avoir décharné l'homme et dépouillé la vie.

Sous son pinceau, tout perd sa couleur, tout se désenchante; il ôte à l'amour son bandeau, à l'amitié ses heureux épanchemens et sa douce confiance; il flétrit les liens les plus sacrés et les plus saintes affections. Ne nous ravit-il que des illusions, que sa lecture est perfide et cruelle! Tous les efforts qu'il fait faire à notre intelligence, portent avec eux un poison qui corrode et brise le cœur. Malheur à l'homme qui se laisse aller à cette influence sinistre! le trouble et le désespoir s'emparent de son ame; si la voix impérieuse de la nature le ramène quelquefois vers l'humanité, lorsqu'il est prêt à céder encore à l'attrait ou à la puissance du sentiment, une réflexion funeste le saisit et le rejette loin du bonheur.

Gardons-nous cependant de repousser l'injustice par l'injustice, et de nous laisser égarer par elle. Si Larochefoucauld semble tourmenter sa pénétration, pour créer un vice de plus à l'homme; si son esprit nous paraît d'une susceptibilité inquiète, n'oublions pas qu'il vivait à une époque désastreuse, où des excès de tout genre avaient frappé son imagination ardente, irrité son ame inflexible et profonde; que, victime lui-même des sentimens les plus généreux, il se vit, jeune encore, dépouillé de ses plus chères illusions. Monument déplorable des maux des discordes civiles, la fronde rappelle l'histoire des passions haineuses et des plus viles intrigues; les combinaisons les plus honteuses de l'ambition et de l'intérêt personnel; les crimes politiques qu'un faux air de grandeur ou de vastes desseins semblent quelquefois racheter, n'avaient pas même ce caractère et n'appelaient que la honte; un gouvernement dont la politique odieuse et fragile pâlit tantôt devant l'inquiétude et l'agitation de quelques factieux, et tantôt ressaisissant le pouvoir, mais toujours pour en abuser, n'a jamais l'attitude de la justice, et prend toujours les couleurs de la vengeance; enfin, la vertu des Turenne et des Condé succombant à ces tristes épreuves. Sans pardonner à Larochefoucauld tous les écarts de sa misanthropie, ne le plaindrons-nous pas? et serons-nous encore surpris qu'il ait cru autant aux vices de l'humanité? Ils ne sont que trop réels, et la sensibilité la plus féconde ne résiste pas toujours à l'indignation qu'ils font naître.

Quelle est donc cette loi qui place un inconvénient à côté d'un avantage, un défaut auprès d'une qualité, un vice sur le seuil de chaque vertu ? Quelle est cette puissance invincible qui met le mal à côté du bien, qui les fait naître l'un de l'autre, et semble livrer le monde à leurs éternels combats ? Existerait-il des lois d'équilibre assez rigoureuses, pour faire à ces deux principes une part égale dans le mouvement et l'empire de l'univers ? Loin de nous ces affreux pensers qui proscriraient tous les efforts de l'homme vers le bien, et réduiraient les lois de la morale aux arrêts d'une aveugle fatalité ! Loin de nous ces vains et perfides systèmes, abîme sans fond, où viennent s'engloutir ensemble la vertu, le bonheur et la gloire ; où, comme dans l'enfer du Dante, tout meurt, jusqu'à l'espérance !

Labruyère est encore là pour combattre cette audacieuse philosophie qui rabaisse les hommes en détrônant les dieux. Non, il n'est pas de vices nécessaires ! Le vice et la vertu seraient donc une même chose ! et si sur cette terre le vice se dérobe sous le plus brillant éclat ; si le crime brave les remords et l'infamie au sein d'une orgueilleuse prospérité, qui vengera la vertu, si ce n'est une vie future, infinie, une éternité de biens pour elle et de maux pour ses persécuteurs ? Athéisme barbare ! Eh quoi ! la mort me ravit un être qui m'est cher; j'ai perdu la moitié de moi-même, et tu places entre elle et moi le néant ! Mon cœur se brise, ma faiblesse s'irrite jusqu'au désespoir, et je me précipite vers ce néant devenu mon unique asile. Ah ! croyons avec notre cœur à l'immortalité de l'ame ; ses bienfaits la démontrent ; elle est l'espérance des bons, la terreur des méchans et le refuge des ames affligées.

Grâces soient encore rendues à Labruyère ! Il a déployé toute l'éloquence de la raison et du sentiment, pour nous rattacher à ce dogme consolateur ; il est à la fois le peintre le plus fidèle et l'ami le plus vrai des hommes.

A Dieu ne plaise que, panégyriste aveugle et flatteur, je dissimule les reproches qu'on a faits à Labruyère ! Ce serait un outrage à sa mémoire : ils sont trop faciles à repousser, ou portent avec eux leur excuse ; souvent même il les a prévus, et s'est chargé d'y répondre.

Les traits dont il attaque les vices et les

ridicules, pourraient paraître trop saillans, et ses couleurs exagérées : on pourrait l'accuser d'avoir tourmenté la langue pour donner à la pensée une forme brillante qui frappe et séduise l'esprit; il a désarmé la critique et prévenu l'envie. « S'il donne, » nous dit-il, quelque tour à ses pensées, » c'est moins par une vanité d'auteur, que » pour mettre une vérité qu'il a trou- » vée dans tout le jour nécessaire pour faire » l'impression qui doit servir à son des- » sein. » Les vices, en effet, demandent, si j'ose m'exprimer ainsi, d'être peints en relief, et les ridicules en caricature; mieux saisis alors, alors seulement leur peinture est utile.

Mais sa gloire serait-elle vraiment atteinte par le défaut de transition qu'on trouve dans ses *Caractères*; défaut qui parut si grave au plus grand et au plus sévère des critiques? Comment oser combattre cette autorité redoutable et si religieusement consacrée? Qu'il me soit permis seulement de rappeler que j'ai déjà fait entrevoir toutes les difficultés qu'il eut à vaincre, tous les efforts que dut lui coûter ce défaut même de liaison dont on lui fait un reproche. Qu'on n'oublie pas que l'homme moral ne saurait être peint sous des formes sensibles qui composent un véritable tout; que le jugement doit en rassembler les diverses parties, pour en former un ensemble, et qu'il suffit à Labruyère de les avoir toutes décrites. J'oserai même dire qu'il n'appartient qu'à une grande puissance de talent d'avoir composé une chaîne invisible de tant de chaînons épars, et d'avoir ainsi dérobé la main de l'ouvrier dans les détails de l'ouvrage : les réflexions paraissent isolées et sans enchaînement, mais leur liaison existe, l'esprit l'entrevoit, et la méditation la découvre. Dira-t-on aussi que sa pensée est couverte d'un voile difficile à soulever, et qu'elle est trop concise? La concision frappe le jugement; elle exerce l'imagination, et fait fructifier la pensée : c'est le privilége du génie d'être concis et de tout dire.

Laharpe attaque avec plus de raison quelques-unes de ses opinions politiques, et l'accuse d'une flatterie trop évidente et trop peu ménagée. C'est de Labruyère qu'il est vrai de dire que ses fautes furent celles de son siècle. S'il paraît ignorer les grandes vérités sur lesquelles repose le sort des états; s'il les méconnaît au point d'outrager un prince (1)

(1) Guillaume III, gendre de Jacques II.

qui, pour se rendre aux vœux d'une nation généreuse et opprimée, sut s'élever au-dessus des affections et des liens de famille, il fut égaré par son respect pour le malheur, et par ce respect plus touchant encore et vraiment national qu'on portait aux prérogatives d'un trône affermi par l'amour, et entouré du plus brillant éclat. Tout était prestige alors, et le cœur arrêtait l'audace de l'esprit en des matières si délicates. Quel est le Français, fier de sa patrie, qui ne revendique pour elle ces doux souvenirs, et n'aime à opposer ces temps d'une pieuse erreur à l'emploi malheureux, à l'usage trop funeste des lumières que nous avons acquises et si chèrement payées? La flatterie avait aussi alors la couleur du sentiment; elle n'était que l'excès d'une admiration noble et juste pour un grand monarque, et pour un règne plus grand encore.

Est-il un plus beau titre à la gloire, que d'avoir marqué sa place dans ce règne héroïque, et d'être l'un des ornemens du siècle littéraire auquel il a donné son nom? Il est beau surtout de voir les lettres et la morale assigner ensemble le rang de Labruyère, et la vertu sourire aux succès du génie; et combien ses succès s'embellissent encore de la simplicité des mœurs, et de la modestie, jointes à tous les dons de l'esprit et de l'ame !

Heureux l'ami des lettres ! le culte des Muses ennoblit toutes les facultés de l'homme ; c'est une religion secondaire qui épure les mœurs, et fait des vertus privées le cortége honorable des grands talens. L'ame et le génie sont deux facultés invinciblement enchaînées ; leur élévation suit la même loi. Chaque lumière acquise apporte un bienfait, un sentiment plus exquis et plus noble ; on voit insensiblement s'évanouir et disparaître ces petites passions, tourment de l'homme, cette inquiétude de désirs vagues et de pensées sans but qui chagrinent la vie, et en donnent à peine le sentiment. On apprend à simplifier son existence, et à la dégager de ces petites lois dont la contrainte use l'ame ou détend ses ressorts : on jouit de toute sa vie morale ; et l'homme, grand par les œuvres de l'esprit, n'est pas moins grand par le cœur.

La vie privée de Labruyère offre l'exemple de toutes les vertus et de toutes les qualités sociales : il est bon, indulgent, affable ; heureux de tout le bien qu'il peut faire, il sait supporter le mal qu'il ne peut corriger ou prévenir : ira-t-il, en effet, Don-Quichotte d'une fausse vertu et d'une perfection imaginaire, s'armer d'une indignation stérile, et porter en tous lieux un orgueil inquiet et frondeur ? ce fardeau serait trop pesant pour le cœur de Labruyère. Il n'a recueilli de l'étude profonde qu'il a faite des hommes, que la plus douce philosophie ; il se conforme aux lois de la société, et sacrifie au besoin de vivre avec ses semblables ; doux besoin qu'a mis en nous la nature, et dont il faut la bénir ! Que deviendrions-nous s'il ne résistait pas à toutes les impressions, s'il ne faisait pas oublier à l'homme sa propre expérience ? Labruyère apporte dans le monde le plus aimable abandon ; on n'y aperçoit ni son esprit, ni son amour-propre ; il se dépouille de ses avantages, et cherche à les faire oublier, comme il oublie lui-même tout ce qui pourrait empoisonner pour lui les charmes de la société ; modéré dans ses désirs, ennemi de toute ambition, il se contente de cultiver en paix ses amis et les lettres.

Ses amis ! à ce nom quels grands souvenirs se réveillent ! c'étaient Racine et Boileau ! Je me transporte par la pensée dans ces réunions simples et modestes où la familiarité devait embellir le génie, où la raison et le goût prononçaient leurs oracles. Autant que ma faible imagination peut me les révéler, je participe à ces communications fécondes, à ce noble commerce de grandes pensées, qui n'était pour eux qu'un délassement et l'emploi de leurs loisirs. Pourquoi la trace s'en est-elle perdue et n'existe-t-elle que dans la perfection de leurs ouvrages? pourquoi furent-elles sans témoins? avec quelle avidité on en eût recueilli les moindres détails! Quels résultats elles eussent produit! le germe du talent le plus équivoque se fût développé sous leurs auspices; elles auraient enflammé l'esprit, et l'ame eût ressenti ce ferment secret, cette agitation divine, source des véritables succès, et garant des palmes littéraires.

Il ne me reste plus qu'à peindre Labruyère présentant ses *Caractères* au jugement des siècles à venir. Il n'écrit pas seulement pour ses contemporains; et quelque prix qu'il mette à leur suffrage, il dédaigne de s'en rendre esclave : *il porte plus haut ses projets, et agit pour une fin plus relevée*; il aspire à une célébrité plus durable et plus noble. Ecoutons Labruyère lui-même, nous expliquant son but et sa pensée : « Celui, nous dit-il, qui n'a égard, » en écrivant, qu'au goût de son siècle, » songe plus à sa personne qu'à ses écrits ; » il faut toujours tendre à la perfection : » alors, cette justice qui nous est quelque- » fois refusée par nos contemporains, la » postérité sait nous la rendre. »

Recueillons aussi les paroles qui lui échappent en terminant son livre ; ces paroles, belles de noblesse et de simplicité : « Si » l'on ne goûte point ces *Caractères*, je » m'en étonne ; et si on les goûte, je m'en » étonne encore. » Il a presque dit, comme le Corrège et comme Montesquieu : *Et moi aussi, je suis peintre!* Et comme eux il goûta sans doute le doux pressentiment de la postérité. Instinct délicieux et sublime ! espoir enivrant qui rapproche des Dieux, et doit ôter à la mort toute son âpreté !

Ses vœux, dès long-temps consacrés par la gloire, appelaient votre hommage, et vous deviez mettre le sceau à son immortalité, en faisant retentir ce sanctuaire de son éloge. Labruyère, écrivain, moraliste, homme privé, est toujours le charme du cœur et de la raison. Ses *Caractères* sont un monument élevé aux lettres et à la morale, par un homme de bien et de génie : tout y respire le goût le plus parfait et la vertu la plus pure.

Et cependant on a osé abréger Labruyère! Certes, il est permis à son panégyriste de s'indigner contre tant d'audace. Mais, que dis-je, on a refait La Fontaine! les voûtes de ce temple en ont frémi ; les statues des grands hommes qui le décorent ont été ébranlées sur leurs socles. Impiété sacrilège, honte des temps modernes, trop féconds en outrages faits au dieu du goût et des arts! Y aurait-il des époques de décadence invinciblement marquées pour les lettres comme pour les États? et tous les efforts des vrais zélateurs ne pourraient-ils surmonter cette loi décourageante? Il est cruel de penser que le temps où nous vivons servira peut-être, après le laps de quelques siècles, de point de comparaison et de départ pour marquer la décadence de notre littérature.

Conservateurs des œuvres du génie et du beau langage, dépositaires de la saine doctrine et de la bonne tradition, redoublez d'ardeur, s'il est possible, pour défendre le sanctuaire dont la garde vous est confiée. Repoussez du parvis sacré qu'ils inondent et qu'ils prostituent, ces auteurs faméliques, ces sycophantes littéraires qui, dans un siècle trop spéculateur, font des lettres un trafic, et s'interdisent la gloire. Rejetez aussi loin de vous ces hommes qui, doués d'une imagination brillante et des talens les plus heureux, en souillent l'éclat, et les asservissent aux couleurs du temps et à l'esprit de parti. Ah! que les vrais fidèles se rallient autour de l'arche sainte, ou le vrai culte expire et le faux goût va triompher.

Mais que dis-je? fut-il jamais une époque plus brillante et plus propre à donner de l'élan au génie, aux lettres un nouvel essor, et du mouvement à tous les arts? La France debout sur les ruines des trônes qui voulaient l'anéantir; sa législation faisant le tour du monde avec la révolution dont elle est l'ouvrage; l'identité des lois devant servir de lien commun entre les peuples, par la ressemblance de mœurs qu'elle doit produire; l'univers qui résiste encore, mais qui doit céder à notre domination. Eh quoi! ces grandes images trouveraient les orateurs sans voix et les Muses sans inspiration! Non, j'ose prédire à ma patrie des écrivains dignes d'elle, et cet âge de gloire doit recevoir son complément de l'illustration des lettres.

FIN.

De l'Imprimerie de J.-B. IMBERT, rue de la Vieille-Monnaie, n°. 12.

www.ingramcontent.com/pod-product-compliance
Ingram Content Group UK Ltd.
Pitfield, Milton Keynes, MK11 3LW, UK
UKHW021114290826
14628UKWH00014B/2184

9 782011 767202